Meditações Celestinas

SALLE MERRILL REDFIELD

Meditações Celestinas

SEXTANTE

tradução
Beatrice Araujo Freitas

preparo de originais
Regina da Veiga Pereira

revisão
Sérgio Bellinello Soares

capa
Silvana Mattievich

diagramação e projeto gráfico
Valéria Facchini de Mendonça

locução do CD
Juraciara Diácovo

produção do CD
Carlos Irineu da Costa

fotolitos
Mergulhar Serviços Editoriais Ltda.

impressão e acabamento
Donnelley-Cochrane Gráfica e Editora do Brasil Ltda.

CIP-BRASIL. CATALOGAÇÃO-NA-FONTE
SINDICATO NACIONAL DOS EDITORES DE LIVROS, RJ.

R249m Redfield, Salle Merrill
Meditações celestinas / Salle Merrill Redfield ; prefácio de James Redfield ; tradução de Regina da Veiga Pereira e Beatrice Araujo Freitas. – Rio de Janeiro : Sextante, 2001.
: + CD

Tradução de: The celestine meditations
ISBN 85-86796-73-5

1. Meditação. 2. Corpo e mente. 3. Conduta I. Título

01-0006. CDD 158.12
CDU 159.98

Editora Sextante (GMT Editores Ltda.)
Av. Nilo Peçanha, 155 – Gr. 301 – Centro
20020-100 – Rio de Janeiro – RJ
Tel.: (21) 524-6760 – Fax: (21) 524-6755
Central de Atendimento: 0800-22-6306
E-mail: salvend@openlink.com.br

Sumário

Existe hoje uma nova consciência espiritual emergindo em nosso planeta. Nas últimas décadas, as contribuições que nos vêm de fontes religiosas e filosóficas do Oriente e do Ocidente mudaram a visão e o conceito que tínhamos da espiritualidade.

Durante muito tempo, quando pensávamos em espiritualidade, nós nos referíamos a crenças e práticas religiosas dirigidas a um Deus distante e poderoso a quem reverenciávamos e temíamos. Na nova visão, descobrimos que a espiritualidade não é uma fé abstrata, mas uma experiência concreta. Descobrimos sobretudo que Deus não está fora e distante, mas é nossa dimensão interior fundamental. Quando nos ligamos profundamente a essa dimensão, nossa vida é energizada e nos sentimos guiados através de intuições sutis e coincidências misteriosas.

Mas é preciso investir para desenvolver e aprofundar essa conexão com o divino. A melhor maneira que conheço para isso é a meditação. Alguns minutos por dia são suficientes para alcançarmos o crescimento e a paz que buscamos. Na meditação nós nos acalmamos, relaxamos, silenciamos o tumulto interior e criamos uma abertura para receber a sabedoria necessária para transformar nossa vida.

Durante muitos meses, minha mulher Salle e eu percorremos o mundo falando para pessoas que já estão engajadas nesse processo. As meditações elaboradas por Salle mostraram-se extremamente úteis e eficazes para promover uma conexão mística com a quinta percepção.

Nós convidamos você a unir-se a nós nessas meditações.

É muito natural que, de vez em quando, tenhamos dúvidas ou crises de ceticismo. Mas é visível também que cada vez mais pessoas compreendem o poder espiritual da esperança e da visualização ao se conectarem com a força transformadora de Deus que existe dentro de nós.

Quando somos capazes de encontrar tempo para meditar e visualizar um futuro melhor para todos os seres humanos, nós transformamos o mundo.

James Redfield

1

Uma Aventura Espiritual

A vida é cheia de desafios. Chega uma hora em que nos vemos diante de situações que gostaríamos de evitar. Quando isso acontece, temos duas alternativas: nos culparmos e ficarmos deprimidos, ou tentarmos entender o que aconteceu para aprender com a experiência e criar um jeito próprio de enfrentar o problema.

Mas para enfrentar de forma produtiva os desafios, precisamos usar recursos que sejam verdadeiramente eficazes. A meditação é certamente um deles. Nos momentos serenos e silenciosos em que meditamos, tomamos mais consciência das situações que estamos vivendo e conseguimos compreendê-las com maior clareza. Vamos nos tornando capazes de perceber o que precisa ser mudado e o que devemos simplesmente aceitar.

Podemos também descobrir outra coisa importante: que as situações que nos incomodam são muitas vezes causadas por nós mesmos. Deixamos então de responsabilizar os outros por nossos problemas. Vamos nos dando conta de que, em vez de repetir os mesmos chavões para tentar explicar o que está acontecendo, precisamos encontrar as perguntas certas para termos respostas que nos façam entender o que estamos vivendo e enfrentando. Para nos ajudar a alcançar o que queremos.

Pare um pouco e pense: você está se deixando levar pelos acontecimentos externos, ou procura assumir o comando de sua vida? Depende dos outros para saber quem é e o que vale, ou investe para se conhecer e se amar? Conhece seu próprio desejo, ou está sempre esperando que lhe digam o que fazer?

Talvez você precise começar a agir. Não estou falando de grandes ações espetaculares. Comece a atuar sobre as pequenas coisas do seu cotidiano, procurando vivê-las de forma diferente. Preste atenção nelas, procure organizá-las. Um pouco a cada dia, mesmo que custe um certo esforço. Você vai ver como esse esforço é compensado. Sua vida interior irá se enriquecendo, você irá tomando posse dos seus desejos e sonhos e saberá cuidar melhor de seus medos e inseguranças.

Em 1989, durante um dos períodos mais desafiadores da minha vida, descobri os benefícios da meditação diária. Em um mês, eu me separei, depois de sete anos de casamento, vendi minha casa e me mudei para outro estado, deixando todos os meus amigos para trás. Você pode imaginar o que significaram essas transformações num período tão curto de tempo. Às vezes, eu não acreditava que estivesse realmente vivendo aquilo. Então, ao procurar um caminho para escapar do sofrimento e da angústia, comecei a meditar todos os dias. Foi isso que me deu forças para reconstruir a minha vida.

No início, não foi nada fácil meditar. Minha cabeça girava em torno dos problemas e eu não conseguia encontrar paz dentro de mim. Um minuto depois de começar a meditação, o pensamento estava longe e eu me sentia sem qualquer capacidade de concentração. Precisava então me agitar para escapar das idéias dolorosas.

Por sorte, descobri as fitas de meditação. Minha vida mudou. Passei a ouvi-las todos os dias, de manhã, na hora de levantar, ou à noite, antes de deitar. O efeito não foi imediato, mas senti que cada vez eu era capaz de me concentrar melhor. Com sua orientação, o narrador me conduzia por lugares com belíssimas paisagens naturais que me ajudavam a relaxar. Se o pensamento "voava", eu me dava conta disso e o trazia de volta, sem pressão. Fui encontrando a paz interior e a clareza de pensamento de que precisava.

Depois de algum tempo, em vez de ouvir as fitas, às vezes eu meditava por conta própria. Descobri que meditava melhor quando saía para uma caminhada pelo parque, perto do mar, ou até mesmo andando por uma rua. Enquanto caminhava junto à natureza, pensava no que estava vivendo e pedia a Deus que me guiasse.

Percebi que sempre que eu fazia uma pergunta durante a meditação, acreditando sinceramente que seria respondida, uma tela se abria na minha mente ou uma forte intuição me vinha à cabeça. Isso não acontecia instantaneamente e às vezes requeria paciência. Mas era fantástico como, de repente, a resposta aparecia com bastante nitidez. Em alguns momentos, uma situação relacionada ao que eu havia pensado ocorria. Era um filme, uma palavra que alguém dizia, algo que eu lia aparentemente por acaso. Em outros, eu sentia um fluxo de energia me invadindo, me impulsionando a sair da passividade para tomar uma atitude. Sempre que agi em comunhão com essa força, minha vida mudou para melhor.

Esse tipo de meditação funcionou muito bem comigo durante todos esses anos. Por isso continuo a fazê-la todos os dias. Mas aconteceu um fato que me fez descobrir a poderosa vibração que se forma em um ambiente quando as pessoas praticam a meditação em conjunto.

No início dos anos 90, conheci um grupo de meditação que influenciou minha vida profundamente. Essas pessoas reuniam-se para meditar uma vez por semana. Uma delas conduzia a meditação e fazia o encerramento com uma prece. Convidaram-me a integrar o grupo e, depois de algum tempo, me incentivaram a conduzir as meditações. Esta oportunidade foi extremamente importante para mim porque as meditações que conduzi naquele grupo serviram como base para meus livros e fitas.

Durante uma sessão com aquele grupo, tive a intuição de que estava prestes a encontrar uma pessoa que seria muito especial na minha vida. A intuição revelou-se verdadeira porque, logo depois, conheci meu marido, James Redfield, autor de A *Profecia Celestina*.

2

A Profecia Celestina

Conheci James em 1992, quando ele estava concluindo *A Profecia Celestina,* um romance sobre um antigo manuscrito com nove visões espirituais, encontrado no Peru. O início de nossa relação girou em torno da divulgação do livro. Como James tinha uma forte crença de que aquele era o momento certo para publicar o livro, começou a procurar um editor. Mas as editoras já tinham sua programação definida, e as que se interessaram pela obra só poderiam lançá-la daí a um ano ou mais. Em vez de aguardar o longo processo que uma grande editora exige, James decidiu confiar em sua intuição e publicar o livro por conta própria nos Estados Unidos. Para isso criamos nossa pequena editora, a Satori Publishing.

Após a edição do livro, viajamos pelo país durante um ano, visitando pequenas livrarias, igrejas e outras organizações comunitárias. Falávamos sobre o livro com os donos e os vendedores das livrarias e muitas vezes os dávamos de presente, pedindo que, se gostassem, transmitissem sua impressão aos amigos. James falava das Nove

Visões e eu conduzia uma meditação ligada à Quinta e Oitava Visões.

Com o tempo, todo aquele trabalho começou a dar frutos. As pessoas começaram a recomendar *A Profecia Celestina* para seus amigos e familiares. Recebíamos cartas de homens e mulheres de todos os cantos dos Estados Unidos dizendo o quanto haviam gostado do livro. Até que, um dia, atraímos a atenção da grande editora Warner Books, de Nova York.

Em 1994, a Warner negociou os direitos do livro e contribuiu para sua divulgação pelo mundo, tornando-o o livro americano mais vendido internacionalmente em 1995 e 1996. A Warner também negociou os direitos de publicação das meditações que eu conduzia durante as palestras.

3

Meditações Celestinas

No final de 1995, lançamos as *Meditações Celestinas*. Foram muito bem aceitas, porque nos últimos vinte anos houve um crescente interesse por meditação. Muitos médicos e psicólogos passaram a adotar a meditação no tratamento de seus pacientes. Empresas começaram a investir em cursos sobre o assunto para seus funcionários, por constatarem os benefícios na melhora na produtividade, no combate ao estresse e no relacionamento entre os empregados.

A meditação contribui para tomarmos mais consciência dos nossos atos e também nos ajuda a desenvolver maior sintonia com o mundo que nos cerca, aumentando nossa intuição. Com a expansão de nossa consciência, atraímos sabedoria e, com ela, conseguimos perceber e sentir que somos maiores do que nossa dimensão física. Não é uma descoberta racional ou teórica, mas uma experiência vivida que reforça nossa conexão espiritual, abrindo um campo inesperado de esperança. Deixamos de ficar confusos e frustrados quando começamos a colocar nossos planos de ação em prática.

Quero insistir com a maior ênfase na importância de uma meditação regular e consistente. Como acontece com tudo o que tentamos fazer, o início muitas vezes não é fácil. Mas repito o que já disse: insista, não se deixe desanimar. Se persistir e mantiver uma regularidade, irá sentindo progressos visíveis.

Cada pessoa tem seu modo ideal de meditar: vá procurando o seu, até encontrar as condições de local, horário e a posição do corpo em que se sinta mais confortável. Com o tempo, meditar se torna uma necessidade, tanto nos períodos mais tranqüilos quanto, e principalmente, quando nossa mente está sobrecarregada por um excesso de problemas. A meditação também ajuda no equilíbrio emocional quando nossos sentimentos oscilam: um dia nos sentimos uma fortaleza; no outro, um fracasso total.

O objetivo de qualquer pessoa é ao mesmo tempo simples e extraordinariamente complexo: queremos todos ser felizes, e em busca da felicidade percorremos – e muitas vezes nos perdemos – os mais diversos caminhos. Para mim é absolutamente claro que para atingir a felicidade desejada é indispensável enriquecer nossa relação com nós mesmos e fortalecer nossa conexão espiritual. Tenho certeza de que a meditação é um valioso instrumento para alcançar a felicidade que buscamos. Foi com essa intenção que criei as meditações que estão no CD incluído neste livro. Servem exatamente para isso: ajudar-nos a nos tornar mais conscientes de nós mesmos e fortalecer a nossa conexão espiritual.

Mais adiante entrarei em maiores detalhes sobre essas meditações. Por enquanto, vamos falar um pouco sobre as Nove Visões de *A Profecia Celestina*.

4

O Caminho das Visões

A *Profecia Celestina* é uma história em que o protagonista viaja pelo Peru, lançando-se em busca das Nove Visões. Durante sua jornada nas antigas ruínas de Macchu Picchu, ele supera perigos, encontra pessoas que lhe revelam cada uma das visões e ainda enfrenta grupos rivais que querem impedir a divulgação do manuscrito.

O protagonista acaba descobrindo que sua jornada é, na verdade, uma busca pelo maior de todos os tesouros: a compreensão espiritual. Cada visão que lhe é revelada sugere um novo entendimento do mundo e de nós mesmos. Elas levam a uma reflexão sobre como a civilização, principalmente a ocidental, estabeleceu sua relação com os acontecimentos históricos. Também nos estimulam a avaliar a nossa própria história, especialmente a maneira como lidamos com as situações no passado e os relacionamentos no presente.

A visão influencia tanto a forma como cada um compreende o mundo quanto o seu modo de vida. É um incentivo à transformação. Ela energiza quem a encontra. Muitos leitores sentem claramente essa expansão de consciência e esse fortalecimento quando entram em contato com as visões em *A Profecia Celestina*.

Quando James e eu andamos pelo mundo fazendo palestras, constatamos que quase sempre há alguém que, ao ler o livro, se identifica com uma visão específica. Ela varia de acordo com cada um, dependendo da experiência que está sendo vivida. É muito comum as pessoas dizerem: "Era isso o que eu precisava ouvir." Ou, então: "Você captou meu pensamento."

Acredito que, para aqueles que estão começando a despertar para a dimensão espiritual da vida, a Primeira Visão é a que produz o impacto mais profundo. Esta visão aguça nossa percepção para as coincidências que ocorrem em nossas vidas, quando mais precisamos ou desejamos. Estou falando de encontros providenciais, de soluções que parecem cair do céu por acaso, de portas e janelas que se abrem, de intuições que se confirmam. Falo também daqueles momentos em que parece que uma força maior acolheu nosso desejo. As pessoas costumam chamar esses fatos de "coincidências". Não acredito que nada aconteça por acaso e por isso os chamo de sincronicidades. Este é um termo que talvez você não encontre em nenhum dicionário, mas que vai se tornando cada vez mais comum à medida que nos despertamos para o significado do que acontece conosco.

Você já passou pela experiência da sincronicidade quando estava pensando em uma pessoa e, de repente, ela ligou ou você a encontrou na rua. A surpresa é tal, que você diz: "Você não morre tão cedo, estava pensando em você." Outra experiência de sincronicidade é quando aparece em sua mente a imagem de algo que, logo depois, acontece de verdade. Ou quando você está tentando resolver um problema e, misteriosamente, a solução aparece.

Se você parar e, com calma, examinar seu passado, poderá estabelecer seu padrão de sincronicidade. Essas "coincidências" estavam conduzindo você para algum lugar. Talvez tenha sido o lugar certo, no momento certo, como quando você encontrou a casa perfeita ou uma pessoa importante. Elas também podem ter guiado você para o seu atual emprego ou relacionamento amoroso. Ou mesmo podem ter feito você passar por momentos difíceis que permitiram o seu crescimento e aprendizagem. Talvez na hora você não tenha entendido porque estava sofrendo, mas, olhando para trás, você constata o benefício que aquele acontecimento lhe trouxe.

Reconhecer a sincronicidade é importante para o nosso desenvolvimento espiritual. A vida ganha um sentido maior quando percebemos que estamos sendo guiados e que nada acontece por acaso. Nós nos sentimos mais protegidos porque sabemos que não estamos sozinhos nem desamparados. Existe uma força superior agindo, moldando nossa vida.

Foi o que aconteceu comigo quando eu me divorciei em 1989. A sincronicidade me guiou durante aquele momento difícil, e o Universo me fez sentir amada e protegida. Através de várias "coincidências".

Naquela época, conheci pessoas que se tornaram grandes amigos. Tive oportunidades que nunca imaginei ter. Fui levada a abandonar antigas maneiras de pensar e de lidar com os fatos. Tudo isso me encaminhou para uma nova fase da minha vida, quando colaborei com James na publicação de *A Profecia Celestina*.

Lembrando daqueles dias, fico perplexa com a sincronicidade dos acontecimentos que ocorreram. James teve uma intuição muito forte de que devia publicar o livro sozinho. Pessoas-chave apareceram aparentemente do nada no momento exato em que precisávamos delas. Nós nos sentimos orientados a entregar o livro nas mãos das pessoas certas no momento certo. Para completar, muitos leitores se encantaram com o livro, presenteando amigos que realmente precisavam dele. Toda essa sincronicidade somou-se aos milhões de pessoas que acolheram o livro e se beneficiaram com ele. Essa acolhida criou uma nova comunicação espiritual entre comunidades do mundo todo.

Essa troca espiritual continua a crescer. Graças à tecnologia moderna, podemos ligar a televisão e assistir a um programa sobre contatos com anjos ou sobre aquilo que chamamos de experiências de quase-morte. Além disso, temos a possibilidade de enviar um *e-mail* para uma pessoa do outro lado do planeta e compartilhar uma experiência de sincronicidade que acabou de acontecer. Podemos, ainda, acessar um *site*, como o que eu e James temos, e conversar com pessoas de diversos países. Nunca houve tanta informação sobre espiritualidade circulando com tanta facilidade e sendo tão bem aceita.

Muitas dessas conversas sobre espiritualidade que são normais hoje em dia teriam sido consideradas heresias no passado. Na história romana nem sempre era permitido falar sobre o cristianismo. Em períodos recentes da História, pessoas foram rejeitadas e ridicularizadas por falarem sobre contatos com anjos. Crianças receberam severas punições e foram acusadas de mentirosas ao comentarem suas visões ou intuições.

A aceitação da espiritualidade e os diálogos sobre o assunto irão se expandir no próximo milênio. Reconhecer a sincronicidade será fundamental para que isso aconteça. É extremamente importante assumir um papel ativo, ficando atentos para as sincronicidades que estão presentes em nosso dia-a-dia, procurando compreender o seu significado, em vez de ignorá-las, classificando-as de puros acasos. Também não devemos aceitá-las cegamente, sobretudo quando violentam as nossas crenças fundamentais ou nos fazem agir de forma impulsiva e insensata. É preciso usar a lógica e o bom senso para examinar as "coincidências". Elas existem para o nosso desenvolvimento, para fazer com que nós, e aqueles que amamos, sejamos capazes de atingir uma vida espiritual mais intensa.

5

Da Segunda à Nona Visão

Todas as visões de A *Profecia Celestina* nos fazem tomar consciência de algo que perdemos e que estamos redescobrindo. Elas elevam nosso espírito e nos ajudam a compreender o mundo. Abrem possibilidades. Mesmo que o processo nos traga momentos de desconforto, essas visões contribuem para aumentar nosso nível de consciência em relação ao sentido da vida.

A Segunda Visão explica a cultura humana a partir de uma perspectiva histórica. É preciso examinar a História para compreendermos nosso papel na evolução espiritual que vem acontecendo. Estamos atingindo uma massa crítica, isto é, um número cada vez maior de pessoas que acreditam na dimensão espiritual da vida. Pessoas de diversas culturas e religiões estão começando a consolidar a grande troca de experiências místicas e espirituais numa nova compreensão da jornada humana e seu destino. É um momento histórico, fantástico e extremamente estimulante! Embora cada um continue seguindo a riqueza de sua tradição cultural e religiosa, estamos todos compartilhando uma única consciência.

Infelizmente, não foi sempre assim. Na virada do primeiro para o segundo milênio predominava no Ocidente a visão imposta pela Igreja de que o reino espiritual determinava todos os acontecimentos. E o reino espiritual se identificava com um Deus severo e justiceiro que amava apenas um pequeno grupo de escolhidos. A Igreja também negava qualquer explicação científica sobre a vida.

Nos séculos seguintes a visão científica predominou. As pessoas mergulharam nas explicações da ciência e no desenvolvimento da tecnologia. A espiritualidade e os mistérios da vida foram descartados, porque não podiam ser explicados por fórmulas lógicas e matemáticas.

Embora esses dois períodos históricos tenham sido valiosos para a evolução, a Igreja ficou limitada por não reconhecer a importância da ciência, e a ciência não foi capaz de compreender os anseios da alma humana. Felizmente, caminhamos para uma época em que ciência e espiritualidade se misturam de forma equilibrada. Podemos perceber essa harmonia na Terceira Visão.

A ciência, hoje, mostra que toda matéria pode ser dividida em energia e luz. Somos parte de um sistema dinâmico de troca ininterrupta de energia. O que aos nossos olhos aparece como corpos e objetos separados é apenas uma maneira de ver uma amplidão pulsante de partículas de energia. A medicina chinesa a chama de Chi ou Qi. Ela acredita que a energia circula em canais invisíveis que correm por nossos corpos, passando por pontos que podem ser estimulados pela acupuntura. Na América do Sul, seguidores do Santo Daime sentem essa energia nos cipós ou nas árvores das florestas densas. Eles bebem uma poção feita com diferentes ervas quando praticam um ritual de absorção dessa energia. Outros lugares do mundo, como as Pirâmides do Egito, Machu Picchu ou Sedona, no Arizona, são considerados sagrados porque contêm elementos de alta vibração que podem ser percebidos pelos sentidos.

A Terceira Visão nos instrui sobre essa energia. Ela nos ensina que, embora possamos nos sentir separados dos outros, ou de Deus, isto não corresponde à verdade. Estamos todos conectados. E nos influenciamos uns aos outros.

A Quarta Visão fala justamente de como influenciamos uns aos outros. Ela afirma que estamos permanentemente engajados na procura de novas fontes de energia. Por isso, às vezes nos envolvemos em conflitos do ego. Freqüentemente, quando ficamos confusos ou inseguros, procuramos alguém que nos ajude a melhorar. Isso se torna um problema quando começamos a manipular os outros, ou quando nos tornamos dependentes a ponto de achar que não conseguiríamos viver sem determinada pessoa ao nosso lado.

São inúmeros os relacionamentos que se resumem a uma eterna disputa de poder. Isso acontece em casamentos, entre pais e filhos, colegas de trabalho e irmãos. Estou me referindo àquelas brigas ou discussões em que cada um quer impor a sua vontade e ambos terminam exauridos. Mesmo quando existe um aparente vencedor, não há uma vitória verdadeira, porque a trégua é de curta duração e logo a luta recomeça.

Se nos dedicássemos a construir uma relação

profunda com nós mesmos, seríamos capazes de perceber que não é da energia dos outros que precisamos. Ela nunca será capaz de preencher nossa necessidade fundamental. O que realmente queremos é estabelecer uma conexão cada vez maior com Deus.

As outras pessoas estão ocupadas demais cuidando delas mesmas e de suas vidas para poderem atender as nossas necessidades. A fonte de energia que nós verdadeiramente desejamos só pode ser sentida através de uma conexão com a energia sagrada do Universo. Essa é a confiança e paz interior que experimentamos quando entramos em contato com essa sabedoria superior.

A Quinta Visão nos mostra que conseguimos atingir uma conexão autêntica através de preces, meditação e amor a nós mesmos. Quando vivenciamos a proteção vinda do Universo, não temos mais vontade de nos envolver em jogos de manipulação e ficamos menos sujeitos a nos tornarmos dependentes dos outros. Não é um processo linear e imediato. Ele certamente terá avanços e retrocessos e iremos nos surpreender tentando ainda manipular ou depender de alguém em busca de segurança. Mas se ficarmos atentos para essa nossa tendência, se procurarmos serenamente administrá-la e, sobretudo, se alimentarmos continuamente a conexão com a nossa verdadeira fonte espiritual, avançaremos cada vez mais no caminho da paz e da nossa realização essencial.

É só através dessa comunhão maior que podemos nos encher de fé para atravessarmos as fases difíceis. Ninguém pode nos salvar. Como é indispensável para a vida espiritual desenvolver a energia interior, criei uma meditação ligada à Quinta Visão para facilitar essa experiência.

Desenvolver a energia interior nos prepara para a Sexta Visão. Esta visão nos ajuda a compreender como os acontecimentos de nossa primeira infância e da adolescência influenciaram o que somos hoje. Ela também nos ajuda a curar antigas feridas, eliminando nossos mecanismos de controle e contribuindo para nosso crescimento espiritual. Quando fortalecemos nossa energia espiritual, acabamos com a necessidade de ferir os outros ou de nos ferir.

No século XIX, Sigmund Freud popularizou o estudo da mente humana. Mostrou que temos comportamentos conscientes e inconscientes. Geralmente, nossas ações são determinadas por crenças inconscientes que se instalaram nos primeiros anos de vida. A Sexta Visão insiste na importância de nos darmos conta dessas crenças e da forma como nos influenciam, determinando comportamentos. Uma criança que se sentiu rejeitada pode transformar-se num adulto que, por pensar que não será amado, rejeita para não ser rejeitado. E vai se tornando uma pessoa isolada, vista pelos outros como agressiva, antipática, soberba, quando, no fundo, é apenas insegura e carente de um amor que deseja mas não consegue obter. E como o mecanismo é inconsciente, a pessoa não se dá conta e corre o risco de passar a vida sofrendo por falta de afeto.

A Sétima Visão nos diz que, quando tomamos consciência dessas crenças e das atitudes que provocam, elas podem ser mudadas. Isso nos abre para uma sabedoria maior que permite descobrir nossas intuições e sonhos. Passamos a ver a vida com outros olhos. Isso se torna especialmente importante quando nos deparamos com a perda de uma pessoa querida, com o fim de um relacionamento ou com os desafios da velhice.

A Sétima Visão nos afirma enfaticamente que as situações mais difíceis e até penosas podem ser momentos importantes para nosso crescimento espiritual. Não é fácil descobrir isso quando estamos imersos na dor ou na aflição, mas somos capazes de fazê-lo um pouco mais tarde.

Tenho uns amigos que perderam sua empresa e tiveram que abrir mão do alto padrão em que viviam. Anos depois, tendo reconstruído sua vida em moldes mais modestos, me disseram que consideravam aquela experiência uma verdadeira bênção em sua vida. Reduzidos ao essencial, reviram seus valores e encontraram alegria profunda no convívio com a família, na solidariedade que receberam, na capacidade de usufruir prazer nas pequenas coisas. Esses exemplos se multiplicam. Estive com muitas pessoas que passaram por situações penosas e disseram mais tarde: "Essa foi uma das experiências mais importantes que já vivi", "Foi difícil, mas sou grato porque me tornei melhor e me sinto mais em paz". Nada nos acontece por acaso. Em todas as experiências podemos crescer e aumentar nossa fé.

Também encontrei pessoas que não temem mais a morte. Como uma mulher que perdeu a mãe e o pai num acidente de carro. Ela mesma quase morrera quando teve um aborto na juventude. Como se não bastasse, acompanhou seu filho adulto na batalha contra uma doença crônica que o debilitava progressivamente. Durante a doença dele, perguntei como ela conseguia atravessar seu dia, pensando que mais uma vez estava enfrentando a morte. Ela me olhou serenamente e disse: "Quando meus pais morreram, pensei que não iria sobreviver. Mas senti, aos poucos, a força da vida me empurrando para a frente e consegui retomar com ânimo e até alegria. Além disso, acredito firmemente que essa existência é uma etapa e que um dia estaremos unidos de novo. É claro que isso não elimina uma enorme dor pela perda da presença física. Mas não sinto medo."

É desse tipo de fé que estou falando. A fé que dá um sentido maior à nossa luta e ao nosso sofrimento. Aquela que nos traz a certeza de que tudo vai ficar bem de novo e que nós, fortalecidos, teremos alcançado uma consciência maior da vida.

A Oitava Visão fala de uma consciência superior que nos conduz a uma nova ética interpessoal. Em vez de procurarmos sugar a energia dos outros, precisamos estabelecer relacionamentos baseados no apoio mútuo. Essa consciência é fundamental em qualquer relação humana, seja entre pessoas individuais, entre grupos, entre povos. Muitas vezes não nos damos conta, na relação com nossos parceiros, do quanto existe de competição, disputa para ver quem dá a última palavra, exploração em vez de troca. A vida se torna um inferno, quando poderia ser uma experiência extremamente feliz de colaboração mútua para o crescimento dos dois.

Essa relação de apoio é especialmente importante quando pensamos nas crianças. Um dos maiores erros da nossa cultura consiste em não valorizar as crianças. É terrível vermos crianças sendo desrespeitadas, reprimidas em seu entusiasmo e espontaneidade, sem falar nos maus-tratos físicos e no abuso sexual.

Se as crianças não se sentirem apoiadas e respeitadas, elas crescerão violentas e se voltarão contra o meio que as rejeitou. As crianças precisam da energia que recebem do amor e das formas criativas de educação. Elas têm necessidade de limites colocados com firmeza e carinho para se sentirem seguras. E precisam ser estimuladas para desenvolverem suas capacidades. Mas, aqui, quero alertar pais e educadores: cada ser humano tem um potencial próprio, tendências e características absolutamente únicas. Por isso, temos que olhar as crianças por quem somos responsáveis com uma curiosidade que procura descobrir como são e quais são seus desejos mais profundos. Temos que ensiná-las a olhar para si e identificar seus próprios desejos. Isso é diferente de criar expectativas que correspondam ao que desejamos para elas, sem considerar quem são.

A última visão de A *Profecia Celestina* é a Nona. Essa visão promove uma mudança radical no nosso modo de vida. Uma consciência mais humanista, mais amorosa. Quando nos sentirmos ligados a todos os habitantes do planeta, ganharemos um mundo mais reconfortante e cheio de amor. Essa consciência suprema nos levará também à união do plano físico com o da vida após a morte. Será a fusão do natural com o sobrenatural. Uma nova cultura, uma nova era para a humanidade.

Nessa nova cultura, continuaremos a amar nossa família, teremos ainda nossos trabalhos e usufruiremos os prazeres e alegrias que a vida tem a nos oferecer. A diversidade cultural e as diferenças religiosas serão mantidas, mas não impedirão que as pessoas se aceitem e se unam. Pelo contrário, seremos mais capazes de dar apoio aos outros, porque não teremos medo que eles queiram nos prejudicar ou roubar nossa energia. A força da ligação com Deus nos dará segurança e trará paz para a nossa existência. E estaremos juntos para construir um mundo que mal conseguimos visualizar.

6

Meditações para a Quinta e a Oitava Visões

Como falei no último capítulo, a Quinta Visão de A *Profecia Celestina* nos ajuda a resolver a questão da disputa que estabelecemos com os outros para obter energia. Em vez de tentarmos vencer as batalhas do ego para nos sentirmos bem no mundo, podemos aprender a construir nossas próprias reservas.

A Terceira Visão explica essas reservas como uma energia universal que pertence a cada um e ao todo. Tomamos consciência dessa fonte infinita de energia quando nos conectamos com um plano superior. Essa conexão pode nos vir como um lampejo, um instante de êxtase, de fascinação, como uma centelha de clarividência. Ou pode nos chegar mais lentamente, quando lemos um poema, ouvimos uma música, contemplamos uma montanha distante ou um pôr-do-sol deslumbrante. Pode acontecer durante ou depois de um problema familiar, de uma doença grave, de uma crise existencial.

Em A *Profecia Celestina*, o protagonista estabelece essa conexão superior no pico dos Andes, cercado por uma floresta tropical. Depois de um confronto com soldados rebeldes, ele pára um momento para retomar o fôlego. Aos poucos, começa a sentir seu corpo ficando mais leve, até que se vê flutuando. Toma consciência da Terra girando solta no espaço e da grande explosão que deu origem ao Universo.

Quando volta a concentrar-se em seu corpo e no ambiente que o cerca, ele percebe que essa experiência o transformou para sempre. Durante toda a História o ser humano tentou estabelecer uma conexão com algo maior do que a sua existência física. Nas culturas primitivas havia rituais em que pessoas eram abandonadas num lugar sagrado distante, no deserto, na selva ou numa montanha. Tinham então que empreender uma longa peregrinação, como tantos realizam hoje em dia no Caminho de Santiago de Compostela. Durante esses rituais, a pessoa concentrava-se profundamente, até entrar em um transe místico onde ouvia vozes, tinha visões e era transportada para outros mundos.

Depois dessa experiência, a vida do iniciado transformava-se completamente. A missão de muitos santos e profetas foi revelada durante esses tipos de transes. Conta-se que alguns passaram dias afastados do mundo, sem água ou comida. Outros foram vistos levitando, levados pela onda de suas preces ou cultos, guiados pela fé, exibindo expressões do mais puro êxtase. Diz-se até que alguns foram abençoados com poderes que permitiram que falassem com os animais, previssem o futuro ou curassem as pessoas.

Esses são exemplos excepcionais do que pode acontecer com nossa vida quando entramos em contato com a energia sagrada que está disponível para nós. São poucos, porém, os que experimentam as visões e experiências extracorpóreas.

Mas todos nós podemos, aos poucos, desenvolver a capacidade de conexão com essa fonte inesgotável de energia divina e alcançar a paz, meditando regularmente. O CD com a meditação da Quinta Visão que acompanha este livro guiará você num processo de unificação com essa vibração superior. A meditação começa com sugestões para relaxar o corpo e tranqüilizar a mente. Em seguida, você recebe um convite para fazer um passeio por uma antiga floresta. Enquanto estiver na floresta, aprecie toda a beleza da natureza. Deixe a paz invadir o seu ser. Permita-se sentir o amor e a proteção da energia universal que flui através de todas as coisas. É um momento muito especial para você se ligar à fonte superior. É o momento de relaxar.

Tal como me aconteceu, no princípio sua mente vai se dispersar. Não se preocupe. Com a prática, você vai aprender a relaxar e a manter a concentração. À medida que for adquirindo experiência, vai perceber que a meditação irá se tornando cada vez mais profunda.

A Oitava Visão fala de uma nova ética interpessoal. Em vez de competir com as outras pessoas, nós nos empenhamos juntos em achar soluções positivas. Deixamos de ver as pessoas como sugadoras de nossa energia e passamos a considerar cada um como portador de uma preciosa mensagem para nós. Se não estivermos abertos para recebê-la, perderemos a oportunidade. Para nos mantermos abertos precisamos desenvolver a confiança: confiança em nós mesmos e confiança nos outros. Isto não significa ingenuidade ou simplorismo, que poderiam nos prejudicar. Podemos estar atentos, com os pés no chão, sabendo os limites dos que nos cercam e precavendo-nos. Mas, ao mesmo tempo, saber que todo ser humano tem um potencial positivo que vem à tona quando ele se sente amado e respeitado. Essa mútua confiança possibilita a riqueza das trocas humanas. Com o tempo, vamos descobrindo nossa habilidade em dar e receber informações e sentimentos. A partir daí, e ao prosseguirmos no processo, o mundo começa a mudar.

A meditação da Oitava Visão nos prepara para essa troca. Ela se passa numa praia deserta e me foi inspirada por uma amiga. Quando ela se sentia espiritualmente fraca, confusa e atormentada por problemas, pegava o carro e ia direto para a praia. Ficava lá o tempo que precisasse. Contemplava o movimento das ondas, olhava para o céu, deixando-se envolver por toda a energia daquela imensidão. Mais nada.

Durante a meditação, você vai se visualizar à beira do mar. A beleza da paisagem, a brisa suave, o silêncio quebrado apenas pelo ruído das ondas inundarão você de paz. Talvez venha ao seu encontro um ser muito sábio que aparecerá no momento em que você estiver precisando de apoio e orientação. Ouça a mensagem que ele lhe traz, faça uma pergunta e a resposta lhe virá, agora ou mais tarde. Depois, vá ao encontro do grupo em que todos partilham sua energia com os outros.

Ao terminar a meditação, sua capacidade de receber e dar afeto e apoio terá se expandido. Você vai atravessar a turbulência do seu dia com uma serenidade muito maior do que a habitual. Começará a se dar conta das mudanças no seu relacionamento com outras pessoas. Irá descobrir também as vantagens de se afastar das preocupações diárias para se reabastecer e reequilibrar. São esses benefícios, experimentados concretamente, que farão com que você deseje continuar meditando. Faça da meditação uma prática regular.

7

Colocando as Visões em Prática

A meditação é uma chave que abre as portas para a realização dos nossos melhores sonhos. Ela nos torna conscientes da existência de uma outra dimensão. Favorece a descoberta de nós mesmos e as transformações que desejamos para o nosso maior bem.

Espero que as *Meditações Celestinas* contribuam para o crescimento da energia interior que vai sustentá-los nos momentos difíceis. Desejo que elas contribuam para vocês construírem relacionamentos saudáveis capazes de promover sua evolução espiritual. Se praticarem regularmente as meditações que lhes ofereço no CD, vocês se deixarão cada vez mais impregnar pelos princípios expostos em *A Profecia Celestina*.

As Nove Visões de que falamos aqui não são apenas palavras: elas nos orientam para adotarmos um modo mais espiritualizado de vida. Chegou o momento de colocarmos em prática esses poderosos princípios. Uma nova era começa a despertar em nosso planeta. Jamais circulou tanta informação sobre eventos místicos e espirituais e nunca tantas experiências e descobertas foram compartilhadas. Existe uma massa crítica de pessoas que já sente dentro de si essa mudança de consciência. São elas que estão abrindo um novo caminho.

O que *A Profecia Celestina* prenuncia é um novo tempo, em que ocorrerá algo inédito: a comunhão dos sonhos e da nossa vida cotidiana. Não se trata de afastar-se de nossas responsabilidades diárias ou daqueles que amamos. Não é preciso abandonar a religião que professamos. Não queremos nos afastar do mundo, mas inserir-nos nele da forma mais amorosa e solidária possível. Deixe-se impregnar pelas visões, como se fossem sementes que farão brotar novas idéias e possibilidades dentro de você.

Desejo que as *Meditações Celestinas* reforcem o poder das visões contidas em *A Profecia Celestina*. Que elas sejam uma morada acolhedora onde vocês possam buscar abrigo sempre que precisarem retomar seu equilíbrio e adquirir um conhecimento que facilite e incentive sua jornada em direção ao amor, à compaixão, à solidariedade, à capacidade de perdão, à consciência de sua unidade com todos os outros seres.

Meditações

Este CD foi feito para relaxar seu corpo e ajudar na sua meditação.

Há muitos estudos que mostram como a meditação pode trazer benefícios para a sua vida. Ela diminui o estresse e a tensão e promove a criatividade e o bem-estar.

A maioria das meditações estabelece uma conexão consciente com o Divino.

Esta primeira meditação corresponde à Quinta Visão do livro A *Profecia Celestina*.

A meditação começa relaxando o seu corpo e depois leva você a uma viagem mental através de uma antiga floresta.

Quando estiver na floresta, permita-se absorver completamente a beleza desse lugar sagrado. Use todos os seus sentidos. Sinta o amor.

Se em algum momento durante a meditação você perceber que está pensando em outra coisa, basta relaxar e voltar a se concentrar em minha voz.

Você vai perceber que, cada vez que praticar este exercício, seu corpo vai relaxar mais profundamente e será muito mais fácil acompanhar minha voz.

Pode ser também que você tenha intuições ligadas a problemas que esteja vivendo.

Antes de começar a meditação, procure um lugar silencioso e confortável. Você pode querer se deitar, ou sentar numa cadeira macia, de espaldar reto.

Esta meditação leva mais ou menos 30 minutos. Use esse tempo inteiramente para você, sentindo a paz e a sabedoria que esta meditação promove.

Vamos começar a meditação examinando mentalmente seu corpo.

Feche os olhos e observe como ele está.

Está relaxado, tranqüilo, ou existem nele algumas áreas tensas, contraídas?

Reserve alguns instantes para perceber como está seu corpo.

Repare quais são as partes que precisam relaxar.

Seus ombros estão soltos?

E suas costas?

O rosto está relaxado e sereno?

Seu maxilar está solto?

Como estão suas pernas?

E os seus pés?

Agora, comece a respirar, inspirando profunda e lentamente.

Solte o ar.

Inspire e expire visualizando cada parte do seu corpo até que todo ele esteja relaxado.

Visualize agora uma luz branca sobre você.

Sinta a luz começando a se derramar pelo seu corpo.

Sinta ela descendo pelo seu rosto.

Pelo pescoço, sobre os ombros.

Essa energia de amor vinda do Universo flui por suas costas.

Relaxando e suavizando.

Desce pelo peito.

Pelo estômago.

Passa por todo o seu tronco e chega às pernas.

Sinta o calor da luz fluindo por seus pés.

Sinta cada célula do seu corpo absorver a luz.

Até o espaço entre as células está cheio de luz.

Sinta cada átomo do seu organismo vibrar com o amor.

Você é como uma esponja absorvendo a luz.

Se alguma parte do seu corpo ainda precisa relaxar, mande a luz para lá.

Veja essa área envolvida pela luz do amor.

Entregue-se. Solte-se. Você não corre nenhum risco.

A luz está limpando o seu corpo.

Relaxe completamente.

Inspire e solte o ar.

Inspire de novo, deixando os pulmões se dilatarem. Solte o ar.

Sinta a paz.

Agora vamos viajar juntos para uma antiga floresta.

Visualize-se no meio da floresta.

O sol está brilhando e uma brisa suave acaricia seu rosto.

Por onde você olha há árvores fortes e antigas.

Repare como são altas, como os galhos são vigorosos e as folhas são verdes.

Veja seus ramos formando uma cobertura lá em cima.

Olhe por entre os galhos e veja como o céu está azul.

Aprecie a beleza à sua volta.

Admire a imponência das árvores.

Comece a andar pela floresta e preste atenção nas cores e nos sons.

Respire o perfume do solo fértil e sinta o chão sob seus pés.

Seu corpo está se energizando nessa floresta.

Perceba como a luz do sol brilha por entre as árvores.

Ao caminhar pela floresta, comece a notar que existe nela um lugar especial para você.

Olhe à sua volta e ache esse lugar. Você vai reconhecê-lo por sua beleza.

Vá até lá e admire as plantas que crescem ali.

Você sente o perfume das flores?

Alguma árvore em especial chama sua atenção?

Vá até essa árvore e coloque as mãos nela. Sinta a casca.

É áspera?

É lisa?

Qual é a forma das folhas?

Você consegue ver as raízes?

Sente a energia de vida que esta árvore transmite?

Vire-se e apóie as costas na árvore.

Sinta a sua energia, a energia da criação.

Deixe que esta energia alimente você.

Sinta a energia da árvore e da floresta envolver e encher de luz o seu ser.

Veja como você está leve e forte.

Como este ambiente energizou todo o seu ser.

Sinta a presença da energia divina.

Escute os sons e ouça a água correndo ao longe.

Sinta-se bem aqui.

Você é um ser amado e está se nutrindo dos elementos da natureza.

Agora sente-se de maneira confortável e continue tocando a árvore.

Perceba a tranqüilidade que experimenta nesse lugar sagrado.

Consegue sentir a presença de seres espirituais guiando e protegendo você?

Pare um momento e veja se há alguma mensagem que você precisa receber.

Se deseja resposta para algumas perguntas, faça-as agora e ouça as mensagens que o Universo lhe oferece.

Sinta toda essa paz e sabedoria.

Confie no que está recebendo.

Inspire profundamente pensando como você é importante para a evolução espiritual do planeta.

Inspire de novo e sinta a paz da floresta.

Levante-se, alongue seu corpo e sinta sua força.

Vire-se e olhe de novo este lugar especial.

Ele estará aqui sempre que você quiser voltar.

Siga em frente, levando a paz e a sabedoria que estão no seu ser.

Comece a perceber seu corpo novamente.

Respire devagar e mova-se suavemente.

Antes de voltar, tome um tempo para assimilar tudo o que vivenciou.

Lembre-se de que você é um lindo ser de luz.

Esta meditação ajuda na cura e corresponde à oitava visão do livro A *Profecia Celestina*. Ela nos leva a uma linda praia de um imenso oceano.

Enquanto caminha, você descobre que não está só. Você encontra outras pessoas que, de alguma forma, estão envolvidas no seu crescimento espiritual. Você se torna parte de um grupo espiritual que dirige sua energia para a cura de outros seres e para a cura do planeta.

Quando nos reunimos em grupos espirituais, partilhamos nossa energia. Nossos pensamentos se tornam mais claros e mais sábios. Podemos ver com mais nitidez quem somos e o que somos.

Sentimos uma nova força de amor.

Podemos enviar esse amor para ajudar a curar pessoas que precisam, inclusive nós mesmos.

Esta meditação leva mais ou menos 30 minutos. Antes de começar, procure um lugar silencioso e confortável.

Use esse tempo para vivenciar profundamente a união do grupo.

Relaxe seu corpo e integre-se ao processo que busca a cura do mundo.

Vamos começar a meditação fazendo um exame mental do seu corpo.

Feche os olhos, respire fundo e sinta seu corpo.

Perceba quais são as partes que estão relaxadas e as que estão tensas.

Repare nos seus pés: como estão eles?

Suas pernas estão relaxadas?

E os quadris? E as costas?

Relaxe seu estômago e seu peito.

Os ombros estão soltos e relaxados?

Como estão seus braços e suas mãos?

Sinta seu pescoço e seu rosto.

Agora inspire profundamente, segure a respiração e solte.

Respire fundo novamente e use a respiração para relaxar seu corpo.

Repare de novo quais são as partes que estão relaxadas e as que ainda estão contraídas.

Libere o máximo de tensão que puder.

Agora vamos viajar juntos até o oceano.

Visualize-se numa praia, olhando para o oceano. Sinta a areia sob seus pés.

Sinta o calor do sol no seu rosto.

Há uma brisa suave acariciando o seu corpo. Faz um dia lindo.

O céu está azul e há pequenas nuvens brancas no horizonte.

Sente-se na areia lentamente.

Ouça os sons.

Sinta a paz e o ritmo do oceano.

Repare como a água está calma e transparente.

Olhe à sua volta e observe a beleza desse lugar.

Ele lhe transmite uma sensação de segurança e proteção.

Seu corpo começa a relaxar mais profundamente.

Você sente seu corpo se soltando na areia.

Seu corpo está sendo nutrido pelos elementos da natureza.

Sinta a areia absorver toda a tensão do seu corpo. Você vai se tornando mais leve.

Seu corpo se renova, se revigora.

Agora levante-se e alongue seu corpo.

Perceba como ele está leve e forte.

Comece a andar ao longo da praia.

Repare na cor da areia.

Sinta o calor do sol em seu corpo e o frescor da água nos seus pés.

Enquanto caminha, veja que, ao longe, há uma pessoa se aproximando.

Ela caminha com suavidade e parece familiar.

Você sente o desejo de estar perto dela. Vocês se aproximam.

Vocês se encontram e se abraçam.

É um abraço apertado, transmitindo uma sensação de comunhão.

Sinta como é bom um abraço assim.

Agora afaste-se um pouco e observe esta pessoa.

Qual é a relação que existe entre vocês?

Pare um instante e procure entender por que vocês escolheram encontrar-se nesse lugar e nesse momento.

Como podem ajudar-se no seu desenvolvimento espiritual?

Quais são as mensagens que vocês trocam?

Comece a envolver essa pessoa com a luz do amor e de pensamentos positivos.

Perceba seu amor sendo aceito.

A pessoa retribui seu amor enviando pensamentos cheios de amor.

Absorva a luz.

Aceite o dom da paz.

Veja seus corpos cercados pela luz universal do amor.

Inspire profundamente e solte.

Sinta que está na hora de se separar dessa pessoa

amiga. Vocês já deram uma para a outra tudo de que precisavam nesse momento.

Vocês irão encontrar-se outras vezes.

Despeçam-se.

Volte a andar na praia.

Observe as cores, os sons e a beleza de tudo. Sinta o cheiro de maresia no ar.

Enquanto caminha, você começa a sentir que alguma coisa maravilhosa vai acontecer.

Olhe para o lado e veja um grupo de pessoas mais adiante na praia.

Elas estão em círculo.

Você sente que elas esperam por você.

Elas convidam você a juntar-se ao grupo.

Elas acolhem você com carinho.

Quem são esses seres espirituais?

Você reconhece algum rosto?

Essas pessoas lhe transmitem segurança e proteção.

Junte-se ao círculo e dê as mãos às pessoas que estão de cada lado.

Respire profundamente e sinta seu corpo se energizar.

O contato com essas pessoas faz você se sentir mais livre, mais leve.

Você sente sua energia vital se expandir e tocar na energia dos que estão ao seu lado.

Agora sua energia se estende até atingir a energia vital das pessoas à sua frente.

A energia de amor dos que estão no círculo se funde.

Vocês criaram um círculo sagrado de amor.

Veja o centro do círculo cheio de luz.

Agora há uma imagem do planeta Terra dentro da luz, no centro do círculo.

A energia do grupo está concentrando amor e cura no planeta.

A luz envolve todas as pessoas do grupo.

Deixe a energia divina fluir através do seu corpo.

Veja nosso lindo planeta envolto em luz.

Se existem lugares que estão precisando de paz, amor e atenção especial, mande essa luz para eles.

Veja a imagem da Terra ir se apagando e saiba que sua energia de amor a está transformando.

Dentro do círculo agora se encontram as imagens das pessoas que você conhece e que estão precisando de amor e luz.

Veja essas pessoas dentro do círculo e envolva-as com a luz da cura.

Não se esqueça de colocar as pessoas que já não estão no planeta, sabendo que elas também podem sentir seu amor.

Acredite que todas essas pessoas receberam a energia amorosa de cura que você partilhou.

Agora é sua vez de entrar no círculo.

Solte a mão das pessoas ao seu lado e vá para o centro.

Sinta a luz cercando todo o seu ser.

Se alguma parte do seu corpo precisa de cura, concentre a luz sobre ela.

Absorva o máximo de luz e amor que puder.

Usufrua a sensação do amor pleno que vem das pessoas do grupo.

Elas querem dar tudo de que você precisa para se curar.

Pare um instante e veja quais são as mensagens que precisa receber sobre sua missão no mundo e a maneira de transformá-lo num lugar melhor.

Ouça o que o Universo tem a lhe dizer.

Agora olhe para as pessoas que estão lhe enviando amor e mostre como gosta delas.

Ainda uma última vez, sinta a paz e a força renovadora desse lugar.

Deixe a imagem do grupo ir desaparecendo.

Você poderá encontrá-lo sempre que quiser.

Respire fundo e guarde com você todo o amor e a cura que recebeu.

Vá aos poucos tomando consciência do seu corpo.

Agora coloque as mãos sobre o coração.

Sinta toda a energia de amor e cura que está nele. Fique assim o tempo que quiser.

Agora, coloque as mãos numa posição natural e confortável e comece a mover seu corpo suavemente.

Antes de voltar, tome um tempo para assimilar tudo o que vivenciou.

Lembre-se de que você é um ser de luz.

Toda vez que se unir a outras pessoas no processo de cura, você estará ajudando na evolução do planeta, das outras pessoas e do seu próprio ser.

Tudo o que você faz repercute em todo o Universo e o transforma.

Conheça outros títulos da Editora Sextante

De Salle Redfield
Descobrindo a Alegria de Viver

Usando visualizações e técnicas de relaxamento, Salle Redfield apresenta sete meditações que vão conduzir você, por diferentes caminhos, à felicidade e paz interior.

Cada meditação contribui para que você mude sua perspectiva de vida, construindo melhores relacionamentos, livrando-se de preocupações excessivas, aprendendo a estabelecer prioridades, definindo e atingindo objetivos ou encontrando a melhor maneira de administrar seu tempo.

O livro é acompanhado de um CD que ajudará você a praticar as meditações e a incorporar seus benefícios.

De Louise Hay
Meditações para a Saúde do Corpo e da Mente

"O corpo é um espelho de nossas crenças e pensamentos mais íntimos. Está sempre conversando conosco. Foi para aprender a escutar o que ele tem a dizer e a incorporar as suas lições para o seu bem-estar que criei estas meditações.

Se você deseja investir na sua saúde, as meditações irão ajudar a tornar sua vida e seu corpo íntegros. Eu sei que você tem, dentro de si, tudo de que precisa para conseguir isso."

Louise Hay

Inclui CD com duas meditações.

Meditações para a Manhã e para a Noite

Este livro é um instrumento precioso para o nosso crescimento e para a conquista da paz interior.

A meditação para a manhã nos torna atentos para as maravilhas do cotidiano.

A meditação para a noite limpa nossa mente dos pensamentos e sentimentos desgastantes do dia e recupera o que foi vivido de positivo. É um exercício de amor e aceitação de nós mesmos e a garantia de um sono mais tranqüilo.

Inclui CD com uma meditação para a manhã e para a noite.

De James Van Praagh
Em Busca do Perdão

"As histórias e reflexões deste livro têm por objetivo desenvolver em você um dom que todos recebemos, mas que a rigidez de nossa formação muitas vezes bloqueou: o dom de perdoar, de ter compaixão e de tratar a si e aos outros com amor.

Quero ajudar você a fazer as pazes com sua consciência, a se livrar da culpa e a tornar o mundo à sua volta mais hospitaleiro, sem a pressão de julgar nem de ser julgado. Um mundo no qual podemos expressar o amor e a nossa espiritualidade.

Para isso ofereço também essas meditações que têm o poder de curar e de transformar, cultivando em você uma nova consciência voltada para o crescimento e para a felicidade."

Inclui CD com duas meditações.

Do Dr. Brian L. Weiss

Os Espelhos do Tempo

Desde o lançamento de suas fitas de meditação no Brasil, o Dr. Weiss recebeu milhares de mensagens de seus leitores sobre suas experiências, dúvidas e temores a respeito dos exercícios de regressão.

Em *Os Espelhos do Tempo*, o Dr. Weiss descreve os benefícios destes exercícios, desfazendo os principais mitos a seu respeito e respondendo às dúvidas mais freqüentes sobre o seu uso.

Inclui CD com as meditações Exercícios de Regressão e Regressão Através do Tempo, que irá ajudar você a entender sobre o processo de regressão e a iniciar as suas próprias experiências.

Meditando com Brian Weiss

O mundo de hoje invade nosso cotidiano com pressões e demandas que tumultuam nossa mente.

Através da meditação, vivenciamos uma beleza interior que nos faz repensar tudo o que nos rodeia e a nós mesmos. Que nos faz confiar na capacidade que possuímos de utilizar nossas energias para a purificação de nossos corpos e mentes, para a descoberta e o desenvolvimento de nossa espiritualidade.

Inclui CD com os exercícios de Relaxamento Profundo e Meditação para Cura.

De Daniel Goleman
A Arte da Meditação

Aprenda a tranqüilizar a mente e a relaxar o corpo, a aliviar as dores físicas, a fortalecer seu sistema imunológico e a desenvolver a percepção e o poder de concentração. Daniel Goleman, o consagrado autor de *Inteligência Emocional*, ensina a alcançar esses benefícios através de tradicionais técnicas de meditação adaptadas à vida moderna.

Inclui CD com quatro tradicionais técnicas de meditação: Meditar Respirando, Meditar Relaxando o Corpo, Meditar Concentrando e Meditar Caminhando.

De Lawrence Katz e Manning Rubin
Mantenha o Seu Cérebro Vivo

Você tem mais de 30 anos? Anda esquecido? Tem dificuldade para aprender coisas novas?

Queremos então apresentar-lhe a Neuróbica, um extraordinário programa de exercícios para o cérebro, baseado nas últimas pesquisas da neurociência.

Esses exercícios ajudam a estimular a produção de nutrientes que desenvolvem as células do cérebro, tornando-o mais jovem e forte, e podem ser realizados em qualquer lugar, a qualquer hora.

Diferente dos exercícios de memória, a Neuróbica usa os cinco sentidos de maneiras inesperadas e propõe exercícios divertidos que podem ser realizados desde a hora em que você acorda, a caminho do trabalho, no jantar com a família e assim por diante.

De Leonardo Boff
Tempo de Transcendência

"Creio que a transcendência é talvez o desafio mais secreto e escondido do ser humano. Ele se recusa a aceitar a realidade na qual está mergulhado porque se sente maior do que tudo o que o cerca.

Com seu pensamento, ele habita as estrelas e rompe todos os espaços. Essa capacidade é o que nós chamamos de *transcendência*, isto é, transcende, rompe, vai para além daquilo que é dado. Numa palavra, eu diria que o ser humano é um projeto infinito."

Inclui CD com uma palestra do autor.

De Sua Santidade, o Dalai-Lama
O Caminho da Tranqüilidade

"Todos nós, seres humanos, queremos ser felizes e evitar os sofrimentos. De acordo com a minha limitada experiência, se quisermos conseguir isso, é de grande valia a capacidade de cultivar e manter um estado de espírito positivo.

Este livro inclui citações cotidianas selecionadas de meus próprios escritos e de trabalhos de minha autoria já publicados. Com toda a humildade, rezo para que os leitores possam encontrar nestas palavras alguma inspiração para desenvolver aquela generosa paz de espírito que é a chave da felicidade duradoura."

Sua Santidade, o Dalai-Lama

Conheça também os seguintes Títulos da Editora Sextante

De Bradley Trevor Greive
– Um Dia Daqueles – Uma lição de vida para levantar o seu astral

De Sua Santidade, o Dalai-Lama
– Uma Ética para o Novo Milênio

De Tom Shroder
– Almas Antigas – A busca de evidências científicas da reencarnação

De Gavin de Becker
– Como Proteger seus Filhos

De Allan e Barbara Pease
– Por que os Homens Fazem Sexo e as Mulheres Fazem Amor

De Oriah Mountain Dreamer
– O Convite

De Sharon Lebell (Epicteto)
– A Arte de Viver – O manual clássico da virtude, felicidade e eficácia

De Sylvia Browne
– O Outro Lado da Vida – Um guia psíquico para o nosso mundo

De Shirley MacLaine
– O Caminho – Uma jornada do espírito

De James Van Praagh
– Conversando com os Espíritos
– Em Busca da Espiritualidade

De Mitch Albom
– A Ultima Grande Lição – O sentido da vida

De Iyanla Vanzant
– Enquanto o Amor Não Vem
– Um Dia a Minha Alma se Abriu por Inteiro

De Richard Bolles
– Como Conseguir um Emprego e Descobrir a Sua Profissão Ideal

De Elizabeth Kübler-Ross
– A Roda da Vida – Memórias do viver e do morrer

De David Kundtz
– A Essencial Arte de Parar – Um método revolucionário para a paz

De Yitta Halberstam & Judith Leventhal
– Pequenos Milagres

De Patch Adams
– O Amor É Contagioso

De Domenico De Masi
– O Ócio Criativo

De Richard Carlson & Benjamin Shield
– Os Caminhos do Coração

De Morrie Schwartz
– Lições sobre Amar e Viver

De Neale Donald Walsch
– Uma Amizade com Deus – Um diálogo incomum

Informações sobre os próximos lançamentos

Para receber informações sobre os próximos lançamentos da EDITORA SEXTANTE, queira entrar em contato com nossa Central de Atendimento, dando seu nome, endereço e telefone para:

EDITORA SEXTANTE
Av. Nilo Peçanha, 155 – Gr. 301 – Centro
20020-100 – Rio de Janeiro – RJ
Tel.: (21) 524-6760 – Fax: (21) 524-6755
DDG: 0800-22-6306 (ligação gratuita)
E-mail: salvend@openlink.com.br
www.esextante.com.br